AF313762

CATALOGUE

DE

LIVRES

SUR LES BEAUX-ARTS

GRANDS OUVRAGES A FIGURES

ET LIVRES DE DIVERS GENRES

DONT LA VENTE SE FERA

Le Mercredi 26 Février 1862, et les trois jours suivants

A SEPT HEURES DE RELEVÉE

RUE DES BONS-ENFANTS, 28 (MAISON SILVESTRE)

SALLE N° 2

Par le ministère de Me **DELBERGUE-CORMONT**, Comm^{re}-Priseur,
rue de Provence, 8.

—◆◆◆—

ON Y REMARQUE :

Bonnard. Costumes historiques, figures coloriées. — *Gailhabaud.* Monuments anciens et modernes. — *Du Cerceau:* Livre d'architecture ; les plus excellents Bâtiments de France ; Temples et Monuments de Rome ; Frises et Ornements. — Le Moyen-âge monumental et archéologique. — Armes, Meubles et Objets divers du Moyen-âge. — *Roubo.* Art du Menuisier. — *Didron.* Annales archéologiques. — *Bouillon.* Musée des Antiques. — *Letarouilly.* Édifices de Rome moderne. — *Laborde.* Voyage en Espagne. — *Ruxners.* Thurniers-buch. — Recueil de pièces et lettres concernant Mme de Maintenon. Etc., etc.

———◆———

PARIS

J.-F. DELION, Libraire, Successeur de R. MERLIN

QUAI DES GRANDS-AUGUSTINS, 47

—

1862

CATALOGUE

DE

LIVRES

SUR LES BEAUX-ARTS

GRANDS OUVRAGES A FIGURES

ET LIVRES DE DIVERS GENRES

DONT LA VENTE SE FERA

Le Mercredi 26 Février 1862, et les trois jours suivants

A SEPT HEURES DE RELEVÉE

RUE DES BONS-ENFANTS, 28 (MAISON SILVESTRE)

SALLE N° 2

Par le ministère de M° **DELBERGUE-CORMONT**, Commr Priseur,
rue de Provence, 8.

ON Y REMARQUE :

Bonnard. Costumes historiques, figures coloriées. — *Gailhabaud.* Monuments anciens et modernes. — *Du Cerceau*: Livre d'architecture ; les plus excellents Bâtiments de France ; Temples et Monuments de Rome ; Frises et Ornements. — Le Moyen-âge monumental et archéologique. — Armes, Meubles et Objets divers du Moyen-âge. — *Roubo.* Art du Menuisier. — *Didron.* Annales archéologiques. — *Bouillon.* Musée des Antiques. — *Letarouilly.* Édifices de Rome moderne. — *Laborde.* Voyage en Espagne. — *Ruxners.* Thurniers-buch. — Recueil de pièces et lettres concernant Mme de Maintenon. Etc., etc.

PARIS

J.-F. DELION, LIBRAIRE, SUCCESSEUR DE R. MERLIN

QUAI DES GRANDS-AUGUSTINS, 47

1862

ORDRE DES VACATIONS

1re VACATION. — *Mercredi 26 Février 1862.*

Nos 1 à 111.

2e VACATION. — *Jeudi 27 Février.*

Nos 190 à 235.

112 à 189.

3e VACATION. — *Vendredi 28 Février.*

Nos 236 à 338.

4e VACATION. — *Samedi 1er Mars.*

Nos 409 à 429.

339 à 408.

CONDITIONS DE LA VENTE

Au comptant, CINQ pour CENT en sus des adjudications, applicables aux frais.

Les livres vendus devront être collationnés sur place dans les VINGT-QUATRE HEURES de l'adjudication. Passé ce délai, ou une fois sorti de la salle de vente, ils ne seront repris pour aucune cause.

Les articles ne seront admis à rapport que dans le cas où ils seraient incomplets par enlèvement de feuillet ou portion de feuillet emportant du texte; ils ne seront pas repris pour taches, mouillures, déchirures, piqûres ou autres défectuosités,

NOTA. — Le libraire chargé de la vente remplira les commissions des personnes qui ne pourraient y assister, moyennant CINQ pour CENT. (*Affranchir.*)

Il y aura Exposition chaque jour de vente, de 1 heure à 3 heures.

CATALOGUE

DE LIVRES

SUR LES BEAUX-ARTS

THÉOLOGIE ET HISTOIRE RELIGIEUSE

1. Génie du christianisme, par Chateaubriand. *Paris, Lenormand*, 1822 ; in-8. pap. vél., 5 vol. br.

2. Le Nouveau-Testament, en latin et en français, trad. par Sacy. *Paris, Didot jeune*, 1793 ; gr. in-8, pap. vél., fig. de Moreau avant la lettre. 4 vol., d.-rel., n. rogn.

3. Figures de la Bible, texte avec encadrements variés. In-4 obl., cart. (*Incomplet*).

4. Histoire de l'Ancien et du Nouveau Testament, par Bassinet. *Paris, Desray*, 1804-06 ; in-8, 459 figures, 8 vol., dos et coins de mar. br., tr. sup. dor.

5. Sujets religieux. 36 planches teintées, publ. à Stuttgart en 1822, sous la direction de Strixner. In-fol. max., dem.-rel.

6. La Vie de N.-S. Jésus-Christ, par l'abbé Brispot. *Paris, Pilon*, 1853 ; in-fol., fig., 2 vol.

7. Livre d'heures, ou Offices de l'église, illustrés par Mlle A. Guilbert. *Paris*, 1843 ; in-8, br.

8. De Tabernaculo fœderis, de sancta civitate Jerusalem et de Templo ejus lib. VII, aut. Bern. Lamy. *Paris*, 1720 ; in-fol., fig., v.

9. Roma sotterranea, opera di Ant. Bosio. *Roma*, 1632 ; gr. in-fol., fig., cuir de Russie. (*Les prem. feuill. sont fatigués.*)

10. Vénérable histoire du très-saint sacrement de miracle,
composée par P. de Cafmeyer, trad. du flamand.
Bruxelles, 1720 ; in-fol., fig., d.-rel.

11. Histoire pontificale, par F. J.-B. de Glen, avec les pour-
traicts des papes, taillés par Jean de Glen, Liégeois.
Liége, 1600 ; pet. in-4, v.

12. Recueil de tous les costumes des ordres religieux et
militaires, par Bar. *Paris*, 1778-86 ; in-fol., fig. color., tom. 1 à 5, d.-rel.

13. Mystères de l'Inquisition et autres sociétés secrètes
d'Espagne, par Feréal. *Paris*, 1859 ; gr. in-8, illustré de 200 dessins, br.

SCIENCES

14. OEuvres mathématicques, traictans de géométrie, perspective, architecture et fortification, par Sam. Maro-
lois. *Lahaye*, 1614; in-fol. obl., fig., parch.

15. La Sphère du monde, proprement ditte cosmographie,
composée nouvellement en françois , par Oronce
Fine, Dauphinois. *Paris*, *M. Vascosan*, 1552 ; in-4,
fig., v.

16. Atlas céleste de Flamsteed, publ. par Fortin, 3e édit.
Paris, 1795 ; gr. in-8, d.-rel.

17. Manuel d'artillerie, à l'usage des officiers d'artillerie de
la république helvétique, par le prince Napoléon-
Louis Bonaparte (Napoléon III). *Paris*, 1836 ; in-8, br.

18. De la Dépense et du produit des canaux et des chemins
de fer, par le comte Pillet-Will. *Paris*, 1837; in-4.
2 vol. dont atlas, dem.-v.

19. Les Roses, peintes par Redouté, décrites et classées
par Thory., 3e édit. publiée par M. Pirolle. *Paris*,
Dufart, 1828-29 ; in-8, pap. vél., fig. color., 3 vol.,
dos et coins de mar. bl., n. rogn.

20. Le Théâtre d'agriculture et mesnage des champs, d'Olivier de Serres. *Paris*, *Huzard*, 1804 ; in-4, fig., 2 vol., bas.

21. Annales agricoles de Roville, publ. par Mathieu de Dombasle. *Paris, Huzard*, années 1824-27, 1829-32. Supplément, 1837. Ensemble 9 vol. in-8, cart.

22. Économie politique, instruction publique, haras et remontes, par Mathieu de Dombasle. *Paris, Huzard*, 1843 ; in-8, br. — Calendrier du bon cultivateur, par le même. *Ib.*, 1846 ; in-12, fig., br.

23. Cours complet d'agriculture. *Paris, Garnier*, 1846 ; in-8, fig., 20 vol., br.

24. Traité des prairies naturelles et artificielles, par Boitard. *Paris*, 1827 ; in-8, fig. color. (48), bas.

25. Eléments of pratical agriculture, by Dav. Low. *London*, 1847 ; in-8, fig., cart.

26. The Encyclopædia of cottage, farm, and villa architecture and furniture, by Loudon. *London*. 1834 ; gr. in-8, fig., cart.

27. Recueil des machines, instruments et appareils qui servent à l'économie rurale, publ. par Leblanc. *Paris, s. d.*; in-fol. obl., pl., 1re et 2e parties en 18 livraisons.

28. Traité du jardinage selon les raisons de la nature et de l'art. par J. Boyceau. *Paris, Mich. Vanlochom*, 1638 ; in-fol., parch.

> Cet ouvrage rare contient 62 planches de curieux dessins de parterres, etc.

29. La Théorie et la pratique du jardinage (par d'Argenville). *Paris*, 1747 ; in-4, fig., v.

30. Vingt-neuf planches de dessins de parterres et de jardins. In-4 obl., cart.

31. Parterres de broderie. 44 pl. in-fol.

32. Architecture de jardins, par Galimard. 68 pl. in-fol., cart.

32 *bis.* Plans raisonnés de toute espèce de jardins, par Thouin. *Paris, 1822*; in-fol., 56 pl. color., cart.

33. Les Figures des plantes et animaux d'usage en médecine, dessinées par de Garsault. 1764; 729 pl. gr. in-8, 5 vol., v. m.

34. Recueil de divers oiseaux étrangers, par Seligmann. *Nuremberg*, 1751-59; in-fol., fig. color. (252), part. 2, 3, 4 et 5 en 2 vol., d.-rel. (*En allem.*)

35. Les Ruses innocentes, dans lesquelles se voit comment on prend les oyseaux passagers et non passagers, etc., par le solitaire Inventif (Fortin). *Paris*, 1660; in-4, fig., d.-rel.

36. L'Art de monter à cheval, par le bar. d'Eisenberg, avec l'Anti-maquignonnage. *Amst.*, 1759; in-4 obl., fig. de Bern. Picart, cart.

37. Künstlicher Bericht... Ordre de cavalerie et moyen de connaître les chevaux, trad. de l'ital. de Fréd. Grison par Jean Fayser. *Augsbourg, M. Manger*, 1570; in-fol., fig. sur bois, peau de truie estampée.

BEAUX-ARTS

I. — Généralités.

38. Poétique des arts, ou Cours de peinture et de littérature comparées, par Sobry. *Paris*, 1810; in-8, br. — Études sur le beau dans les arts, par Jos. Droz. *Paris, Renouard*, 1815; in-8, br.

39. Théorie du beau dans la nature et les arts par Barthez. *Paris, Léop. Collin*, 1807; in-8, d.-rel.

40. Recherche philosophique sur l'origine de nos idées du sublime et du beau, par E. Bucke, trad. par Lagentie de Lavaïsse. *Paris*, 1803; in-8, bas.

41. Les Beaux-arts, par Max. du Camp. *Paris*, 1855; in-8, dem.-ch.

42. De l'Allégorie, ou Traités sur cette matière, par Winckelmann, Addison, etc. *Paris,* an VII ; in-8, 2 vol., v. éc., fil.

43. Observations scientifiques et critiques sur le génie et les principales productions des peintres et autres artistes les plus célèbres de l'antiquité, du moyen âge et des temps modernes, par Al. Lenoir. *Paris,* 1821 ; in-8, d.-rel.

44. Dictionnaire iconologique, ou Introduction à la connoissance des peintures, sculptures, médailles, estampes, etc., par M. D. P. (Pernety). *Paris,* 1756 ; in-12, v.

45. J. Cæs. Bulengeri de pictura, plastice, statuaria libri duo. *Lugd.,* 1627 ; pet. in-8.

46. Essai sur la peinture, la sculpture et l'architecture, par M. de B. (Bachaumont), 1752. — Essai sur la peinture, par Algarotti, trad. par Pingeron. *Paris,* 1769 ; in-12, v. — Histoire des arts qui ont rapport au dessin, par Monier. *Paris,* 1698 ; in-12, v.

47. Précis historique de l'origine de l'Académie royale de peinture, sculpture et gravure, et de sa fondation par Louis XIV. *Paris,* 1816 ; br. in-8, 48 pag.

---

48. Christ. Scheiner Pantographice, seu Ars delineandi, *Romæ,* 1631 ; in-4, fig., v. f.

49. La Vraye science de la Pourtraicture, descrite et démonstrée par Jean Cousin. *Lyon,* 1663 ; pet. in-4 obl., fig., d.-rel.

50. L'Art de dessiner, par J. Cousin. *Paris,* 1821 ; in-4 obl., fig., d.-rel.

51. Nouvelle méthode pour apprendre à dessiner sans maître. *Paris, Jombert,* 1740 ; in-4, fig. (120), v. m.

52. Méthode pour apprendre à dessiner les passions, par Le Brun. *Amst.,* 1702 ; in-12, fig. (43), vél.

53. Perspectiva pictorum et architectorum And. Putei *Romæ*, 1693 ; in-fol., fig., 2 vol., v.

54. La Perspective pratique, par Dubreuil. In-4, fig., dem.-v. (*Fatigué*.)

55. La Perspective curieuse du R. P. Niceron. *Paris, J. du Puis*, 1663 ; in-fol., fig., v.

56. Traité de la perspective pratique, avec des remarques sur l'architecture , par le sieur Courtonne. *Paris* , 1725 ; in-fol., fig., v. f.

57. La Perspective spéculative et pratique, par Est. Migon. *Paris*, 1743 ; in-4, fig., grand. pap. v. f.

58. Traité de perspective à l'usage des artistes, par Séb. Jaurat. *Paris*, 1750 ; in-4, fig., bas.

59. Éléments de perspective pratique, à l'usage des artistes, par Valenciennes. *Paris*, 1820 ; in-4, fig. (36), d.-rel., n. rogn.

60. Traité de perspective, par Cloquet. *Paris, Bachelier*, 1823 ; in-4, fig., d.-rel.

61. Mémoire artificielle des principes relatifs à la fidelle représentation des animaux, tant en peinture qu'en sculpture, par Goiffon et Vincent. *Alfort*, 1779 ; in-fol., fig., 2 tomes en 1 vol., v., fil., tr. dor.

62. Extraits de l'Encyclopédie : Dessin, 39 pl. — Antiquités, 25 pl. — Anatomie, 22 pl. In-fol., dem.-v.

---

63. Galerie mythologique, par Millin, *Paris*, 1811 ; in-8, pap. vél., fig. (182), 2 vol. dem.-v., n. rog.

64. Iconologie, tirée de divers auteurs, par Boudard. *Parme*, 1759 ; pet. in-fol., fig., 3 vol., parch.

65. Iconologie historique, par De la Fosse. *Amst., s. d.*, in-fol., 103 pl., d.-rel. n. rog.

66. Iconologie par figures, ou Traité complet des allégories, emblêmes, etc., par Gravelot et Cochin. *Paris, s. d.*, in-8, pap. fort. 4 vol. cart., n. rogn.

67. Les Arts au moyen âge, par du Sommerard. *Paris,*
1838-46, in-8, texte, 5 vol. br. et planches in-fol.,
livr. 3 à 20, 23 à 26.

    Il manque la première partie du tome V du texte.

68. Annales du Musée, publ. par Landon. *Paris,* 1800-
1808; 16 vol. — Complément, 1 vol. — Paysages.
4 vol. — Salon de 1808, 2 vol. — Salon de 1810, 1 vol.
Ensemble, 23 vol. in-8, fig., v., fil.

69. Le Musée français, publ. par Robillard et Laurent.
Paris, 1803; gr. in-fol., 4 vol., v. m., fil.

    Le texte seulement.

70. Les Musées de province, par M. le comte Clément de
Ris. *Paris, V* J. Renouard,* 1861; in-8, br.

71. Gazette des Beaux-Arts, courrier européen de l'art et
de la curiosité, publ. par Ch. Blanc. *Paris,* 1859-61,
gr. in-8, fig., tom. I à XI, en livr.

    Il manque les livraisons 1, 3, 4, 12, 14, 15, 16, 20, 21, 22 et 50.

II. — **Peinture**.

72. Réflexions sur la peinture, par de Hagedorn, trad. de
l'allemand. par Huber. *Leipzic,* 1775; in-8, 2 vol.
dem.-rel.

73. L'art de peindre, poëme, par Watelet. *Paris,* 1760;
in-4, pap. fort, fig., mar. rouge, fil., tr. dor. (*anc.
rel.*).

74. Essai sur la peinture, par Diderot. *Paris,* an IV;
in-8, br.

75. Traité complet de la peinture, par Paillot de Montabert. *Paris,* 1829-51; in-8, 9 vol. et un atlas in-4,
dem.-ch. n. rog.

    L'atlas, composé de 116 planches, est d'ancien tirage.

76. Dissertation sur les peintures du moyen âge et sur
celles qu'on a appelées gothiques, par Paillot de
Montabert. *Paris,* 1812, in-8, br.

77. Histoire de la peinture sur verre, d'après ses monuments en France, par Ferdinand de Lasteyrie. *Paris,
F. Didot fr.*, 1857 ; in-f⁰. pap. vél. fort, br.
    Tome Ier du texte.

78. Essai sur l'histoire de la peinture en Italie, par le comte Orloff. *Paris*, 1823, in-8, 2 vol. cart.

79. Histoire de la peinture en Italie, par Lanzi, trad. par Mme Dieudé. *Paris*, 1824 ; in-8, 5 vol. dem. v.

80. Histoire de la peiuture en Italie, par de Stendhal (H. Beyle). *Paris, Lévy*, 1854 ; in-12, br.

81. Dessins des meilleurs peintres d'Italie, d'Allemagne et des Pays-Bas, du cabinet de M. Paul de Praun, à Nuremberg, gravés d'après les originaux, par J.-Th. Prestel. 1780 ; 53 pièces montées gr. in-fol. mar. r.

82. Opera selectiora Titiani et P. Calliari, edita a J. van Campen. 1682 ; gr. in-fol., 40 pl. cart.

83. Le pitture di Pellegrino Tibaldi e di Niccolo Abbati esistenti nell' Instituti di Bologna, descritte ed illustrate da G.-P. Zanotti. *Venetia*, 1756 ; in-fol. max. 41 pl.. dem.-rel

84. Les Vierges de Raphaël. *Paris, Furne, s. d.*, in-fol. fig. (12), cart.

85. Cinquante-deux pièces grav. d'après Ch. Lebrun, pour la grande galerie de Versailles et les deux salons qui l'accompagnent. Gr. in-fol.

86. Peintures de l'église de Saint-Savin, texte par Mérimée. dessins par Gérard-Séguin. *Paris*, 1844-45, 1 vol. in-fol. de texte et 4 livr. de planches color.

87. Peintures à fresques exécutées à Saint-Sulpice, dans la chapelle de Saint-Maurice, par Vinchon. *Paris*, 1823 ; gr. in-fol., pl. (6), cart.

88. Lettre à un amateur de la peinture, avec des éclaircissements historiques sur un cabinet et les auteurs des tableaux qui le composent. *Dresde*, 1755 ; in-8, front. br.

89. La galerie de Dusseldorff, ou catalogue raisonné et figuré de ses tableaux. *Basle*, 1778, pet. in-fol. obl., fig., bas.

90. Galerie de Rubens. *Paris, Déterville, s. d.* ; in-f°, fig., dem.-rel.

91. L'œuvre de Pierre-Paul Rubens, gravé au burin et re-produit par la photographie, publié par Ch. Mur-quardt. *Bruxelles*, 1858 ; in-f°, fig. (40) en 20 livr.

92. Rubens et l'école d'Anvers, par Alf. Michiels. *Paris*, 1844 ; in-8, br. — Catalogue des tableaux et dessins de Rubens, avec l'indication des endroits où ils se trouvent, par le même. *Ib.*, 1854 ; in-8, br.

93. Études sur l'Allemagne, contenant une histoire de la peinture allemande, par A. Michiels. *Bruxelles*, 1845; in-8, 2 vol. br.

94. Notizie de' professori del disegno, da Cimabue in quà (dal 1260 sino al 1670), da Filip. Baldinucci. *Firenza*, 1681-1728; in 4. 6 tom. en 5 vol. vél.

95. Entretiens sur les vies et les ouvrages des plus excel-lents peintres anciens et modernes, par Félibien, sec. édit. *Paris*, 1685; 2 vol. in-4. v. m.

On y a joint un portrait de Félibien, par Drevet.

96. La vie des peintres flamands, allemands et hollandais, par Descamps. *Paris, ·Jombert*, 1753 ; in-8°, fig., 4 vol. dem.-rel.

97. Vies des peintres flamands et hollandais, par Descamps, réunie à celle des peintres italiens et français, par d'Argenville. *Marseille*, 1842; in-8, fig., 5 vol. d.-rel.

98. De Groote Schouburgh.... Vies des peintres flamands, par Oubraken. *La Haye*, 1753 ; in-8, jolis portraits, 3 vol. dem.-rel.

III. — Gravure.

99. Manuel de l'amateur d'estampes, par Joubert. *Paris*, 1821 ; in-8, 3 vol., v. rac. fil.

99. Catalogue raisonné de toutes les estampes qui forment l'œuvre de Rembrandt, publ. par le chev. de Claussin. *Paris, F. Didot*, 1824-28; in-8, 2 vol. dem. ch.

100. Vingt-six figures montées, emblématiques, de Jac. Callot; in-18 dem. v.

101. Suite de cinquante-deux estampes gravées par.madame la marquise de Pompadour, d'après les pierres gravées de Guay. *S. l. n. d.* ; in-4, v. m.

102. Cent portraits, sur chine, des personnages les plus célèbres, gravés d'après les dessins de Desenne. *Paris*, 1856; gr. in-8.

103. Collection de quarant-quatre portraits, la plupart gravés par Saint-Aubin pour les éditions Renouard; in-8 v.

104. Costumes historiques des xiiie, xive et xve siècles. dessinés et gravés par Mercuri, texte par C Bonnard. *Paris, Goupil*, 1845; in-4, fig. color., 2 vol. d.-mar., tr. sup. dor.

105. Collection de deux cents costumes historiques des x I[e] xiiie, xive et xve siècles, dessinés et gravés par P. Mercuri. *Paris, Lévy, s. d.* ; in-4, 2 tom. en 1 vol. dem.-mar.

106. Vingt et une vignettes, d'après Chasselat, pour les Mille et une Nuits, publ. par Ed. Gauttier; épreuves avant la lettre.

107. Dix-neuf vignettes, d'après Horace Vernet, pour les œuvres de Molière; épreuves sur Chine avant la lettre.

108. Soixante-dix vignettes et portraits pour les œuvres de Voltaire, d'après Desenne. *Paris, Ménard et Desenne*, 1826 ; gr. in-8, 16 liv.

109. De Gavarni : La Vie de jeune homme, Fourberies de femmes, Études de mœurs contemporaines. Gr. in-8, fig., 3 vol. br. et dem. ch.

110. The keepsake for 1840, 1843, 1844 et 1846. 4 vol. gr. in-8, fig., cart. en moire, tr. dor.

111. Heath's picturesque annual, for 1839 and 1841. Versailles. Belgium. 2 vol. gr. in-8, fig., cart.

IV. — **Architecture et Arts accessoires.**

112. Architectural dictionary, by Nicholson. *London*, 1835,
2 vol. in-4, cart., avec un grand nombre de planches.

113. Parallèle de l'architecture antique et de la moderne,
par Fréart de Chambray. *Paris*, 1650 ; in-fᵒ, fig., v.

114. Recueil et parallèle des édifices de tout genre, anciens
et modernes, par Durand. *Paris*, an IX ; gr. in-fᵒ obl.,
fig. (92), dem.-rel.

115. Nouveau parallèle des ordres d'architecture des Grecs,
des Romains et des auteurs modernes, dessiné et
gravé par Ch. Normand. *Paris, F. Didot,* 1819 ;
in-fᵒ, pl. (63), cart.

116. Discours sur les monuments publics de tous les âges et
de tous les peuples connus, par l'abbé de Lubersac.
Paris, 1775 ; in-fᵒ, fig., v. f. fil.

117. Monuments anciens et modernes, vues générales et
particulières, plans, coupes, etc., publiés par **M. J.**
Gailhabaud. *Paris*, 1846-50 ; in-4, fig. 200 livraisons.
(*Complet.*)

118. Vitruve. Architecture, ou art de bien bastir, mis de
latin en françoys par J. Martin. *Paris*, 1547 ; in-fᵒ,
fig. s. bois, dem.-rel. (*Fatigué.*)

119. Les dix livres d'architecture de Vitruve, trad. par
Perrault. 2ᵉ édition. *Paris*, 1684 ; in-fᵒ, fig., v.

120. Les bâtiments et les dessins d'André Palladio, avec les
Thermes des Romains, recueillis par Scamozzi. *Vi-
cenze*, 1796 ; pet. in-4, fig., 5 vol. dem.-rel.

121. Essais d'architecture sur la restauration du bain romain
de Badenweyler et d'une maison de plaisance à la
manière des Romains, dédiés à la grande duchesse
de Bade, par Aubert Parent. In-fol. obl., v. f.

Manuscrit orné de 12 dessins au lavis.

122. Extraordinario libro di architettura di Seb. Serlio. *Venetia*, 1558 ; in-fᵒ, fig. (48), parch.

123. L'Architecture et art de bien bastir, du seigneur Léon-Baptiste Albert, trad. de latin en françois par Jean Martin. *Paris, J. Kerver*, 1553 ; in-f⁰, fig., vél.

124. Alb. Dureri de urbibus castellique condendis rationes ; ejusdem de symmetria partium humanorum corporum libri. *Paris.*, 1535-57 ; in-f⁰, fig., v.

125. Artis ædificandi et delineandi specimina, a Pet. Gaspari. *Venetiis,* 1771 ; in-f⁰ obl., 12 pl., v. f.

126. Livre d'architecture, contenant plusieurs portiques de différentes inventions, par Alex. Francine. *Paris, Tavernier*, 1631 ; in-f⁰, fig. (40), cart. *(Fatigué).*

127. Livre d'architecture de Jaques Adrouet du Cerceau, contenant les plans et dessaings de cinquante bastimens, tous différens. *Paris, J. Berjon*, 1611 ; in-f°, fig., v.

    Voir, pour les autres ouvrages de du Cerceau, les numéros 161, 269 et 297.

128. Traité d'architecture, par Séb. Leclerc. *Paris*, 1714 ; in-4, fig. (181), bas.

129. Cours d'architecture, qui comprend les ordres de Vignole, par Daviler. *Paris, Mariette*, 1720 ; in-4, fig., 2 vol., v.

130. Les nouvelles œuvres d'architecture de Ph. Vingboons. *Leide*, 1715 ; in-f⁰, fig., 2 tomes en 1 vol., v.

131. Cent planches appartenant à l'architecture de Neufforge. In-fol.

132. Architecture moderne, ou l'art de bien bâtir, par Jombert. *Paris*, 1764 ; in-4, fig., 2 vol., v. *(Fatigués.)*

133. Cours d'architecture, par Blondel. *Paris*, 1771 ; texte, 6 vol. ; planches, 3 vol., ensemble 9 vol. in-8, bas.

134. Précis des leçons d'architecture données à l'École polytechnique, par Durand. *Paris*, 1802 ; in-4, pl. (54), 2 vol. br.

135. OEuvres d'architecture de Jos. Peyre. *Paris*, 1795 ; in-f⁰, fig. (20), dem.-rel. — Projets d'architecture, par le même. *Paris*, 1812 ; in-f⁰, fig. (14), dem.-rel.

136. Livre d'architecture, contenant plusieurs temples avec tous leurs détails, et autres édifices, par Chalgrain. In-f°, fig. (29), dem.-rel.

137. Recueil d'architecture, représentant, en 34 planches, palais, châteaux, hôtels, maisons de plaisance, maisons bourgeoises, églises, jardins, etc., par d'Ixnard. *Strasbourg*, 1791 ; gr. in-f°, bas.

138. Recueil varié de plans et de façades pour des maisons de ville et de campagne, composé et publié par Normand. *Paris*, 1815 ; petit in-f° obl., 53 pl., cart.

139. Architecture de Ledoux. *Paris, Lenoir*, 1847 ; gr. in f°, pl., 2 vol., dem.-rel.

140. Châteaux, jardins et maisons de plaisance des plus célèbres villes d'Europe, publ. par Math. Disel. *Salzburg, s. d.* ; 53 pl. in-4 obl.

141. Architecture civile, ornements, etc., par Jac. Schuebler (*en allemand*). In-fol., fig., v.

142. Détails d'architecture et vues d'Italie, par divers, 53 pl. = Vingt-sept sujets maritimes, grav. par Drevet. Gr. in-fol. cart.

143. Le chasteau de Richelieu, par Nic. Vignier. *Saumur, H. Desbordes*, 1676 ; in-8, v. br.

144. Revue générale de l'architecture et des travaux publics, publ. par M. César Daly. *Paris, Paulin, s. d.* ; in-4, fig., 2 vol. cart. en toile.

---

145. Les vrais principes de l'architecture ogivale ou chrétienne, et leur renaissance au temps actuel, par Pugin, revu et publié par King. *Bruxelles*, 1850 ; in-4, fig. noires et color., dem.-mar. noir.

146. Les édifices circulaires et les dômes, considérés sous le rapport de leur disposition, de leur construction et de leur décoration, par Isabelle. *Paris, F. Didot fr.*, 1855 ; gr. in-f°, pl. (78), cart.

147. Monuments d'architecture gothique, romane, de la renaissance, etc., tirés des portefeuilles de feu Pollet, grav. sur cuivre par Roux aîné. *Paris, Bance*, 1841 ; in-f⁰, pl. (60), dem.-rel.

147 *bis*. Le Moyen âge monumental et archéologique. Vues des édifices les plus remarquables de cette époque en Europe, d'après les dessins de Chapuy, Benoist, Daniel Ramée, etc.; 444 planches formant 4 vol. in-fol.

148. Traité de l'art de bâtir, par Rondelet. *Paris, F. Didot*, 1838 ; in-4, fig., 5 vol. dem.-v — Supplément..., par Abel Blouet, texte.... *Ibid.*, 1847 ; in-4, 2 tom. en 1 vol, dem.-mar., et atlas in-fol. de 207 pl. cart.

149. Traité de construction en poteries et fer. — Traité de l'application du fer, de la fonte et de la tôle, par Eck. *Paris*, 1836-41, in-f⁰, pl. (146), 2 vol. cart.

150. Traité de la construction des théâtres et des machines théâtrales, par Roubo. *Paris*, 1777 ; in-f⁰, 1ʳᵉ partie, fig. (10), cart.

151. Parallèle de plans des plus belles salles de spectacles d'Italie et de France, avec des détails de machines théâtrales, par Dumont. *Paris, s. d.* = Recueil de décorations intérieures, comprenant tout ce qui a rapport à l'ameublement, par Percier et Fontaine. *Paris*, 1801, in-fol. bas.

152. Parallèle des principaux théâtres de l'Europe et des machines théâtrales, par Cl. Contant. 2ᵉ partie, Machines. *Paris*, 1842; in-fol. max., 120 pl., dem.-rel.

153. Parallèle des principaux théâtres modernes de l'Europe et des machines théâtrales françaises, allemandes et anglaises, par Clément Contant et J. de Filippi. *Paris, A. Lévy*, 1859 ; gr. in-f⁰, pl. (133), d.-mar.

154. Le théâtre de l'art de charpentier, par Jousse. *La Fleche*, 1659; pet. in-f⁰, fig., parch.

155. L'art du trait de charpenterie, par le sʳ Nic. Fourneau. *Rouen*, 1767 ; in-f⁰, fig., parch.

156. Traité de l'art de la charpenterie, par Emy. *Paris,*
1837; in-4, 2 vol., dem.-v., et atlas in-fo cart.

157 Traité de l'art de la charpente, par Krafft, 3e éd. *Paris,*
Bance, 1840; in-fo, pl., 2 vol. dem.-rel.

V. — Ornements Artistiques et Industriels.

158. Recueil d'Ornements des anciens Maîtres des xve, xvie,
xviie et xviiie siècles, recueillis par Ovide Reynard.
Paris, Goupil, s. d.; in-fo, pl. (41), br.

159. Ornements des anciens Maîtres des xve, xvie, xviie et
xviiie siècles, recueillis par Ovide Reynaud. *Paris,*
Hauser, 1844; in-fol., pl. (207).

160. Ornements tirés ou imités des quatre écoles, dessinés
et gravés par Riester, Clerget, Coulo, Wagner, etc.
Paris, A. Morel, s. d.; in-4, fig. (410), 2 vol. cart.

161. Frises, arabesques et ornements divers, par Ducerceau. 29 pl. in-fol., cart.

162. Environ 200 pl. d'ornements, décorations, etc., par
J. Le Pautre et autres, publ. chez Langlois. In-fol. v.

163. Recueil d'ornements, par Cauvet. 63 pl. gr. in-fol.,
dem.-rel.

164. Planches d'architecture et ornements divers. Environ
140 pl. in-fol., dem-rel. (*Fatigué.*)

165. Manuale di varj ornamenti tratti dalle fabbriche et
frammenti antichi, da C. Antonini. *Roma,* 1777; in-4,
(100 pl.). 2 vol., dem.-rel.

166. Portefeuille historique de l'Ornement, recueil complet
des meilleurs motifs, dessinés et gravés par Metzma-
cher. *Paris, Goupil, s. d.;* in-fol, pl. (24), en livr.

167. Devises pour les Tapisseries du Roi. *Augsb.,* 1687;
pet. in-fol., fig., cart.

168. Tapisserie de Bayeux, publ. par Ach. Jubinal. In-fol.,
24 pag. de texte, et 24 pl.

169. Tapisserie de Nancy, publ. par Ach. Jubinal. In-fol.,
6 pag. de texte et 6 pl.

170. Les Arts et l'Industrie, recueil de dessins relatifs à l'art
de la décoration chez tous les peuples, par Hoffmann,
lithogr. par Kellerhoven. 1re série. *Paris, Gide et Bau-
dry*, 1853; in-fol.. 42 pl. color. ou teintées dem.-
mar. bl. n. rog.

170 *bis*. Armes, armures, meubles et objets divers du moyen
âge et de la renaissance; dessinés d'après nature dans
les principaux musées et cabinets de l'Europe. 2 vo..
in-fol. contenant 186 planches.

171. Recueil de décorations intérieures, comprenant tout
ce qui a rapport à l'ameublement, par Percier et Fontaine. *Paris, P. Didot*, 1812; in-fol., pl. (72), dem.-rel.

172. Recueil d'ouvrages relatifs aux Arts et Métiers. *Paris,
Bance*, 1836-38. In-fol.

  1° Modèles de menuiserie, par Bury et Crussière. 72pl.

  2° Epoque Louis XVI, décorations intérieures. 36 pl.,
grav. par Queverdo et Normand. In-4, cart.

  3° Menuiserie de décorations intérieures et extérieures,
par Thiollet et Roux. 72 pl., cart.

  4° Modèles de serrurerie, par Bury. 56 pl.

  5° Serrurerie et fonte de fer, récemment exécutées,
par Thiollet. 72 pl., cart.

  6° Modèles de marbrerie. 72 pl , par Bury.

  7° Modèles de marbrerie, d'image et de décor. 72 pl.,
dem.-rel.

  8° Sculpture, bas-reliefs et statues, par Lacour et
Normand. 72 pl.

173. L'Art du Menuisier, par Roubo. *Paris*, 1769; in-fol.,
pl. (382). 4 vol., cart. n. rog.

174. Album des Boiseries sculptées du chœur de Notre-
Dame de Paris, par Rouvier-Paillard. *Paris, Chauvet*,
1855; in-fol., 35 lith. teintées, cart.

175. Recueil des ouvrages de Serrurerie que Stanislas, roy
de Pologne, a fait poser sur la place Royale de Nancy,
par J. Lamour. *Nancy*, 1767; gr. in-fol., fig. (20),
dem.-mar.

VI. — **Industrie.**

176. Dictionnaire de l'Industrie , par Baudrimont , Blanqui aîné, etc. *Paris, J.-B. Baillière,* 1833-41 ; in-8, fig., 10 vol., dem.-mar.

177. Histoire de l'Industrie française de la classe ouvrière , depuis l'esclave de l'antiquité jusqu'au prolétaire de nos jours, par Robert (du Var). *Paris,* 1858 ; gr. in-8, fig., 4 vol., br.

178. Traité encyclopédique et méthodique de la fabrication des Tissus, publ. par Falcot. *Elbeuf,* 1844 ; in-4, 2 vol., dont atlas, dem.-v.

179. Histoire de l'Orfévrerie , Joaillerie , par P. Lacroix , Le Roux de Lincy et Ferd. Seré. *Paris, Seré,* 1850 ; gr. in-8, fig., br.

180. Recueil de dessins d'Orfévrerie, par Lefranc. *Paris,* s. d. ; in-4, fig. (61), dem.-rel.

181. Orfévrerie et ouvrages en métal du moyen-âge, par King. *Bruxelles et Paris, Borrani,* 1852-55 ; in-fol., pl. (200), 2 vol., cart.

182. Traité des Pierres précieuses et de la manière de les employer en parure, par Pouget. *Paris,* 1762 ; in-4, fig., br.

183. Collections towards a history of pottery and porcelain, by Jos. Marryat. *London , J. Murray ,* 1850 ; in-8 , fig. color., cart.

184. Histoire des Cordonniers, publ. par MM. Paul Lacroix, Alph. Duchesne et Ferd. Seré. *Paris ,* 1852 ; gr. in-8 , fig., br.

185. L'Art de Tourner en perfection, par le P. Ch. Plumier. *Paris,* 1749 ; in-fol., dem.-rel.

186. L'Art du Tourneur mécanicien, par Hulot. *S. l.,* 1775, in-fol., fig. (44), dem.-rel.

187. Histoire de l'Imprimerie, par P. Lacroix, Ed. Fournier et Ferd. Seré. *Paris,* 1852 ; gr. in-8, fig., br.

188. Official descriptive and illustrated catalogue of the great exhibition of 1851. *London*, 1851 ; gr. in-8, fig., 3 vol., cart., tr. dor.

---

189. Principes de composition des écoles d'Italie , par Choron. *Paris, s. d.;* in-4, 3 vol., br.

LITTÉRATURE

190. Les amours de Psyché et de Cupidon , lithogr. d'après les dessins de Raphaël, par Bouillon, Fragonard, etc. *Paris, F. Didot*, 1825 ; in-4, pap. vél., dem.-rel.

191. Don Antonio, ou les Aventures du comte de Saint-Vincent. *La Haye, H. Constapel*, 1757 ; in-12 , dem.-v.

192. L'Abailard supposé , ou le Sentiment à l'épreuve, par la comtesse de Beauharnais. *Amst.*, 1780 ; in-8, mar. rouge. fil., tr. dor. (*Armoiries.*)

193. OEuvres badines du comte de Caylus, *Amst.*, 1787 ; in-8, fig. de Marillier, 12 vol., bas. fil.

194. Histoire de Manon Lescaut, illustrée par Tony Johannot. *Paris, E. Bourdin, s. d. ;* gr. in-8, br.

195. Les Aventures de Robert Chevalier, dit de Beauchêne, publ. par Le Sage. *Paris*, 1732; in-12, fig., 2 vol., v.

196. La Vie et les Aventures de Ferd. Vertamont et de Maurice son oncle, par Boulard , impr. libr. *Paris*, 1791 ; in-8, 3 vol., bas.

197. Voyage sentimental, trad. de Sterne par J. Janin, illust. par Tony Johannot. *Paris, E. Bourdin, s. d.;* gr. in-8, br.

198. OEuvres de Rabelais, cum notis variorum, publ. par Esmangart et Eloi Johanneau. *Paris, Dalibon* , 1823; in-8, portr. et fig. de Deveria, 9 vol., br.

199. Contes drolatiques, par Balzac, illust. de 425 dessins par Gust. Doré. *Paris*, 1858; in-12, pap. vél., br.

200. L'Homère travesti, ou l'Iliade en vers burlesques, par de Marivaux. *Paris*, 1716; in-12, fig., 2 vol., mar. or., tr. dor.

201. OEuvres d'Horace, trad. en vers, par Daru. *Paris, Jaret et Cotelle*, 1823; in-8, 2 vol., v. fil.

202. Les Métamorphoses d'Ovide en latin et en français, trad. par Banier. *Paris*, 1767; in-4, fig. de Basan et Le Mire, 4 vol. v. gr. fil., tr. dor.

203. Métamorphoses d'Ovide en rondeaux. *Suiv. la copie, à Paris*, 1677; in-12, v. br. (*à la Sphère*).

204. Les Poëtes français, depuis le XIIe siècle jusqu'à Malherbe. *Paris, Crapelet*, 1824; in-8, 6 vol., br.

205. La Danse aux Aveugles, et autres poésies du XVe siècle. *Amst.*, 1749; in-12, v. m.

206. OEuvres du roi Réné, publ. par le comte de Quatrebarbes, dessins par M. Hawke. *Angers et Paris, Didot*, 1844-46; in-4, fig., 4 vol., br.

207. Poésies de Marie de France, publ. par de Roquefort. *Paris*, 1820; in-8, fig., 2 vol., v. ant. fil.

208. Les OEuvres de Ph. Desportes. *Anvers, Arnould Coninx*, 1596; pet. in-12, bas.

209. La seconde Semaine, ou Enfance du Monde, de Saluste, seigu. du Bartas. *Douay, J. Bogard*, 1584; in-12, dem.-v.

210. Les OEuvres de Théophile. *Paris, Nic. Pepingvé*, 1662; in-12, v. gaufré, dent. tr. dor.

211. Contes et Nouvelles en vers, par de Lafontaine. *Amst., E. Lucas*, 1732; in-12, fig. de Romain de Hooge, 2 vol, v. m. (*Mouillurcs.*)

212. Les mêmes, avec figures d'après les Fermiers généraux. *S. l.* 1777; in-8, fig. 2 vol., v., fil., tr. dor.

213. Les mêmes. *S. l.*, 1777; in-8, fig., 2 vol., dem.-mar. rou., tr. sup. dor.

214. OEuvres de J.-B. Rousseau. *Paris, Lefèvre*, 1820; in-8, 5 vol., v. ant., tr. dor.

215. OEuvres de Gresset. *Paris, Renouard,* 1811 ; in-8, pap. vél. 2 vol., dem.-v., n. rog.

216. Collection d'héroïdes et pièces fugitives de Dorat, Colardeau, etc. *Francfort,* 1771 ; in-18, 12 vol., bas. fil., tr. dor.

217. OEuvres choisies de Dorat, publ. par Després. *Paris, Janet et Cotelle,* 1827 ; in-8, br.

218. Recueil de pièces publ. à l'occasion du mariage de Mgr le Dauphin : l'Asile de l'Amour, le Pacte du Destin, de l'Amour et de la Félicité. — Les Muses patriotiques, ode, par Rocher et Imbert, de Nîmes. — Ode par l'abbé Rousseau, etc. *Paris,* 1770 ; gr. in-8, fig., bas.

219. OEuvres de J. Delille. *Paris, Michaud,* 1802-06 ; in-4, pap. vél., fig. de Fragonard, Le Barbier, etc. 14 vol., cart., n. rog.

220. La Conversation, poëme, par Delille. *Paris, Michaud,* 1812 ; in-8, pap. vél., fig. de Girodet, Leroy, etc., cart.

221. OEuvres poissardes de Vadé, suivies de celles de l'Écluse. *Paris, Didot jeune,* 1793 ; in-4, pap. vél., fig. color. (4), v. rac., fil., tr. dor.
   Tiré à 100 ex. sur ce papier.

222. OEuvres complètes du baron de Stassart, publ. par Dupont Delporte. *Paris, F. Didot,* 1853 ; fort vol. gr. in-8, br.

223. Das Heldenbuch. *Francf. a M., Sig. Feyrabend,* 1590 ; in-4, fig. sur bois. peau de truie.

224. Études sur Molière, par Cailhava. *Paris,* 1802 ; in-8, br.

225. Répertoire du Théâtre François, publ. par Petitot. *Paris, P. Didot,* 1803-19 ; in-8, pap. vél., fig. avant la lettre, 35 vol., dem.-rel.

226. OEuvres de Crébillon. *Paris,* 1785 ; in-8, fig. de Marillier, 3 vol., v. rac., fil., tr. dor.

227. Les mêmes, publ. par Parelle. *Paris, Lefévre,* 1828, in-8, cav. vél., 2 vol., br.

228. OEuvres de Falbaire de Quingey. *Paris,* 1788 ; in-8, fig. de Gravelot. 2 vol., v. fil.

229. Rachel et la Tragédie, par J. Janin, orné de 10 photog. *Paris, Amyot,* 1859 ; gr. in-8, br.

230. Histoire anecdotique du Théâtre, de la Littérature, etc., tirée du coffre d'un journaliste, par Ch. Maurice. *Paris, H. Plon,* 1856 ; in-8, 2 vol., br.

231. Recueil des Costumes de tous les ouvrages dramatiques représentés avec succès sur les grands théâtres de Paris *Paris, Martinet, s. d.* ; gr. in-8, fig. color., livr. 1 à 36.

------

232. Q. Horatii Emblemata, imaginibus in æs incisis notisque illustrata, studio Oth Venii. *Antverpiæ,* 1607 ; in-4, 100 pl., parch.

233. Hadriani Junii Emblemata. *Antverpiæ, Ch. Plantin,* 1565 ; in-8, fig. sur bois avec encad., parch.

234. De Symbolis heroicis libri IX, auct. Silvestro Petra Sancta. *Antverpiæ,* 1634 ; in-4, fig., v. br.

235. L'Alphabet de la Mort, de Hans Holbein, entouré de bordures du xvi⁰ siècle, et publ. par Anatole de Montaiglon. *Paris,* 1856 ; in-8, cart. en percal.

HISTOIRE

MONUMENTALE ET CIVILE

I. — **Généralités. — Archéologie.**

236. Géographie mathématique, physique et politique, par Mentelle et Malte-Brun. *Paris,* 1803 ; in-8, 15 vol. et atlas in-fol., v. rac., fil.

237. Atlas pour servir à l'étude de l'Histoire moderne de l'Europe, 1515-1815, par Ch. Imbert des Mottelettes. *Paris, Levrault,* 1834, 9 cartes et 15 tabl. gr. in-fol.

238. Atlas physique, politique et historique de l'Europe, par Denaix, dessiné et gravé par Rich. Wahl. *Paris, Dutacq*, 1855 ; gr. in-fol., cart.

239. Les Œuvres de Justin, trad. en français. *Paris, Denis Janot*, 1538 ; pet. in-fol. goch., fig. sur bois, parch. (*Incomplet*).

240. Les Traits de l'Histoire universelle, sacrée et profane, gravés par Lebas. *Paris*, 1771 ; in-8, fig., 2 vol., cart.

241. Études sur l'Histoire universelle, romaine et du moyen-âge, par Arbanère. *Paris, F. Didot*, 1846 ; in-8, 8 v. br.

242. Essai historique et philosophique sur les noms d'hommes, de peuples et de lieux, par Eus. Salverte. *Paris*, 1824 ; in-8, 2 vol., br.

243. De la Prostitution en Europe, par Rabutaux, publ. par Lacroix et F. *Paris*, Seré. 1851 ; in-4, fig., br.

244. Tableau des Costumes des Peuples de l'antiquité et du moyen-âge, par Spallart. *Vienne*, 1796-1807 ; in-8, fig. color., tom. 1 à 7. (*En allemand. Le tome 1ᵉʳ est incomplet*).

245. Archéologie égyptienne, par de Goulianof. *Leipsic*, 1839 ; in-8, 3 vol., br.

246. Nouvelle explication des Hiéroglyphes des Égyptiens et des Grecs, par Al. Lenoir. *Paris*, 1810 ; gr. in-8, fig., 4 vol., br.

247. Hieroglyphica of Merkbeelden der oude Volkeren..... *Amst.*, 1735 ; gr. in-4, 63 pl. de Romain de Hooghe, vél.

248. Annales archéologiques, publ. par Didron. *Paris, V. Didron*, 1844-59 ; in-4, fig., 19 vol., br.

249. De la même collection, ann. 1844-53. 13 vol., d.-rel.

250. Mich. Ang. Causei de la Chausse Museum romanum. *Romæ*, 1746 ; in-fol., fig., 2 vol., v.

251. Les Antiquités d'Herculanum, avec leurs explications en français, par David. *Paris*, 1780-87 ; in-4, fig., tom. 1 à 8, v. rac., fil., tr. dor.

252. Musée des Antiques, dessiné et gravé par Bouillon. *Paris, P. Didot, s. d.*; gr. in-fol., fig., 3 vol., dem.-rel.

253. Gli antichi sepolcri romani ed etruschi, disegnati da P. Santi Bartoli. *Roma*, 1768; in-fol., 110 pl., d.-rel.

254. Veterum lucernæ sepulcrales a P. S. Bartoli delineatæ. *Lugd. Bat.*, 1728; in-fol., fig., dem.-rel.

255. Funerali antichi di diversi popoli et nationi, descritti por Th. Porcacchi. *Venetia*, 1574; pet. in-fol., fig., vél.

256. Signa antiqua e Museo Jac. de Wilde veterum poetarum carminibus illustrata, et per Mariam filiam æri inscripta. *Amst., sumpt. auctoris*, 1700; in-4, 60 pl., vél.

II. — Grèce, Italie, Espagne.

257. Antiquités de Grèce, 28 pl. grav. par Lebas. In-fol., v.

258. Les Antiquités d'Athènes, par Stuart et Revett, trad. de l'angl. et publ. par Landon. *Paris, F. Didot*, 1808; in-fol., fig., 5 vol., cart.

259. L'Acropole d'Athènes, par Beulé. *Paris, F. Didot*, 1853; gr. in-8, fig., 2 vol., br.

260. Histoire de Polybe, trad. par D. Thuilier, avec les notes du chev. Folard. *Amst.*, 1774; in-4, fig., 7 vol., dem.-rel.

261. Nouveau théâtre d'Italie (en hollandais). *La Haye Blaeu*, 1724; gr. in-f°, fig., 5 vol., vél. dent. tr. dor.

262. Histoire des républiques italiennes du moyen-âge, par Simonde de Sismondi. *Paris, Treuttel*, 1826; in-8, 16 vol., br.

263. La Sontuosa illuminazione della citta di Torino, per l'augusto sposalizio... di Carlo Emmanuele, re di Sardegna e di Elis. Teresa, principessa di Lorena. *Torino,* 1737, in-fol. 14 pl., v.

264. Zanotti Storia dell' academia clementina di Bologna aggregata all' instituto delle scienze e dell' arti. *Bologna*, 1739; in-4°, 51 portraits, 2 vol.

265. Il duomo di Milano, illustrato e corredato di un testo storico e descrittivo. *Milano*, 1856, gr. in-f⁰, pl. (21), 4 livr.

266. Architecture toscane, ou palais, maisons et autres édifices de la Toscane. *Paris*, 1837; in-f⁰, pl, (109) dem.-rel.

267. I contadini della Toscana, espressi al naturale secondo le diverse loro vestiture. *Firenze*, 1796; in-4⁰, fig. color. (60), dem.-rel.

268. Delle Basiliche antiche e specialmente di quella di Vicenza del C. Enea Arnaldi. *Vicenza*, 1767; in-4⁰, fig., dem.-rel.

269. Temples et monuments divers de Rome, par Ducerceau. 46 pl. in-fol., cart.

270. La ville de Rome en 425 planches, 1778; in-fol., 2 vol. cart.

271. Les édifices antiques de Rome, par Desgodetz. *Paris*, 1779; in-fol., pl. (140), dem.-rel.

272. Palazzi di Roma designati da P. Ferrerio, 50 pl. = Fontane di Roma, 44 pl.; in-4, obl. v.

273. Palais, maisons et autres édifices modernes dessinés à Rome. *Paris*, 1798; in-fol., pl., (100) dem.-v.

274. Journées pittoresques des édifices de Rome ancienne et de ses environs, par l'abbé Ange Uggeri (ital. et franç.). *Rome*, 1800 ; 261 planches réunies en 8 tomes en 7 vol. in-4 obl., d.-rel.

275. Roma descritta ed illustrata da G. Ant. Guattani. *Roma*, 1805; in-4, fig. 2 tomes en 1 vol. parch.

276. Choix des plus célèbres maisons de plaisance de Rome et de ses environs, par Percier et Fontaine. *Paris, P. Didot*, 1800; gr. in-fol.. 75 pl., dem.-v.

277. Promenades dans Rome, par Stendhal. *Paris*, 1829 ; in-8. fig. et carte, 2 vol. dem.-v.

278. Edifices de Rome moderne ou recueil de Palais, maisons, églises, couvents, etc., les plus remarquables de la ville de Rome, par P. Letarouilly. *Paris, Bance*, 1856; in fol., pl.. 3 vol. dem.-mar. ron, et texte in-4, dem.-mar.

279. Plan et coupe d'une partie du Forum romain et des monuments sur la voie sacrée, par Caristie. *Paris*, 1821. = Parallèle des salles rondes de l'Italie, par Isabelle. *Paris, F. Didot*, 1831; gr. in-fol., pl., d.-rel.

280. Planto del Vaticano. 32 pl. gr. in-fol., dem.-rel.

281. Colonna Trajana disegnata et intagliata da P. Santi Bartoli. 119 pl. in-fol. obl., parch.

282. Restauration des Thermes d'Antonin Caracalla, à Rome, par Abel Blouet. *Paris, F. Didot*, 1828; in-fol., 15 pl., dem.-rel.

283. Album de l'expédition romaine, texte et dessins, par Ch. Vertray. *Moulins*, 1853; in-fol., pl. (14), et 4 cartes br.

284. Plans et vues de la ville de Messine. 72 pl. gr. in-fol., dem.-mar.

285. Charpente de la cathédrale de Messine, dessinée par Morey, grav. et lithogr. par Roux aîné. *Paris, F. Didot, s. d.*; in-fol., fig. color. (8), texte encadré, dem.-rel.

286. Voyage pittoresque et historique de l'Espagne, par Alex. de Laborde. *Paris, Didot a.*, 1812; gr. in-fol., fig., 4 vol.

287. Espana artistica y monumental, por Don Genaro Perez de Villa-Amil. *Paris, Hauser*, 1842; gr. in-fol., 48 pl. dem. rel.

288. Souvenirs de Grenade et de l'Alhambra, par Girault de Prangey, lithogr. par Richebois, Danjoy, Hubert, etc. *Paris, Hauser*, 1837; in-fol., pl. (39). = Mosquée de Cordou, par le même, 8 pl. = La Giralda et l'Alcazar de Séville, 6 pl.

289. La Arméria Réal ou collection des principales pièces du musée d'artillerie de Madrid, publ. par Ach. Jubinal. *Paris, Lemercier, s. d.,* in-fol., dem. v.

290. Entretien de Marphorio et de Pasquin, sur le testament de Charles II, roy d'Espagne. *Cologne, P. Marteau,* 1700; petit in-12, mar. bl., fil.. tr. dor.

III. — **France.**

291. La France, nouvel atlas illustré des départements et des colonies, dressé par Vuillemin. *Paris, Migeon s. d.;* in-4 obl., cartes color., dem.-ch.

292. Atlas physique, politique et historique de la France, par Denaix, dessiné et gravé par Rich. Wahl. *Paris, Dutacq,* 1855; gr. in-fol. cart.

293. Introduction à l'Histoire de France, ou description physique, politique et monumentale de la Gaule, par de Jouffroy et Breton. *Paris, Bourgeois-Maze,* 1838; in-fol., fig., 8 livrais.

294. Le guide des chemins et fleuves du royaume de France. *Paris, Ch. Etienne.* 1553; petit in-12, parch.

295. Bulletin monumental ou collection de mémoires et de renseignements sur la statistique monumentale de la France, publ. par M. de Caumont. *Paris, Dumoulin,* 1854 à 1858 et 4 n^os de 1859; dem. v. et livr.

296. Abrégé des antiquités nationales ou recueil de monuments pour servir à l'Histoire de France, par Millin. *Paris, Barba,* 1837; in-4, fig., v. fil.

297. Le premier (et le second) volume des plus excellents batiments de France, par Jacq. Androuet du Cerceau. *Paris,* 1687; in-fol., fig., 2 tom. en 1 vol. v.
Bel exemplaire.

298. Châteaux de France des xve et xvie siècles, par Victor Petit. *Paris, Ch. Boivin, s. d.;* in-4, pl., (100), d.-ch.

299. Histoire de France, par le P. Daniel. *Paris,* 1755; in-4, 17 vol., v. m.

300. L'honueur français ou histoire des vertus et des exploits de notre nation, par de Sacy. *Paris*, 1771; in-12, 12 vol., v. fil.

301. Histoire de l'ancienne infanterie française, par L. Susane. *Paris*, 1851 ; in-8, 8 vol. et atlas in-fol. de 151 pl. br.

302. Les vrais portraits des rois de France, par J. de Bie. 2ᵉ édit. augmentée, par le R. P. de Coste. *Paris, J. Camusat*, 1636; in-fol., v. br.

303. La France illustre ou le Plutarque français, par Turpin. *Paris*, 1780 ; in-4, portraits, 4 vol., v. rac., fil.

304. Galeries historiques de Versailles. *Paris, Gavard*, 1838; 700 pl. gr. in-4, 14 tom. en 7 vol., dem.-ch. n. rog.

305. Salle des Croisades de Versailles. *Paris, Gavard, s. d.* ; in-4, fig. et blasons coloriés (51), dem.-ch., tr. dor.

306. Galerie des maréchaux de France, par Ch. Gavard. *Paris*, 1839; gr. in-8, 42 portraits, cart.

307. Muller's Sketches of the age of Francis Iˢᵗ. *London, Graves, s. a.*; 26 pl. gr. in-fol., dem.-mar.

308. Mémoires du duc de la Rochefoucauld. *Paris, Renouard*, 1804; in-12, pap. vél., v. fil.

309. Mémoires et lettres de madame de Maintenon, publ. par de La Beaumelle. *Maestricht*, 1789; in-12, 16 vol., bas. fil.

310. Recueil choisi de lettres et pièces concernant madame de Maintenon. In-4, mar. rou., fil., tr. dor.

> Manuscrit du siècle dernier, d'environ 600 pages. Il provient du cabinet de la grande-duchesse Stéphanie de Bade. Beau volume, d'une ancienne reliure, auquel on a joint une lettre autographe de La Beaumelle.

311. Mémoires du comte de Maurepas, ornés de 11 carricatures du temps. *Paris*, 1792 ; in-8, 4 vol. cart.

312. Collection de 64 vignettes, d'après Alf. Johannot, pour l'histoire de la Révolution, de M. Thiers, épreuves sur chine, avant la lettre, gr. in-4.

313. Fastes de Napoléon Iᵉʳ, peint par Appiani, pour le salon du palais royal de Milan, et gravés par Longhi et Rosaspina. 32 pl. in-fol. obl. d.-rel.

314. Tableaux historiques des campagnes d'Italie, depuis l'an IV jusqu'à la bataille de Marengo. *Paris, Auber*, 1806; gr. in-fol., fig., v., dent., tr. dor.

315. Description des cérémonies et des fêtes qui ont eu lieu pour le mariage de l'empereur Napoléon avec Marie Louise d'Autriche, par Ch. Percier et Fontaine. *Paris, Didot*, 1810; gr. in-fol., fig. (13), cart.

316. Collection complète des portraits des grands aigles et des grands officiers de la légion d'honneur, par Meyer. *Paris*, 1811-14; in-4, 137 portraits noirs ou col., en 12 livr.

317. Napoléon Iᵉʳ et la garde impériale, texte par E. Fieffé, dessins par Raffet. *Paris, Furne*, 1859; 20 pl. in-4, br.

318. Les mêmes, tirées in-fol., sur chine.

319. Histoire métallique de Napoléon, par Millin et Millingen. *Paris*, 1854; in-4, pl. (74), br.

320. Album des mémoires du roi Joseph, dessins de M. Yung, gravés par Rouargue et Lalaisse. *Paris, Corréard, s. d.* 20 pl., in-fol., dem.-rel.

321. Histoire des négociations diplomatiques, relatives aux traités de Mortefontaine, de Lunévile et d'Amiens publiée par du Casse. *Paris*, 1857; in-8,. 3 vol., br.

322. Histoire de mon temps, 1836-58, par le vicomte de Beaumont-Vassy. *Paris*, 1861; in-8, 4 vol., br.

323. Histoire de la chute des Bourbons, 1815, 1830, 1848, par Alb. Maurin. *Paris*, 1854; gr. in-8, portr., 6 v., br.

324. Souvenirs numimastiques de la révolution de 1848 (par M. de Saulcy). *Paris, Rousseau, s. d.*; in-4, pl. (60), en 20 livr.

325. Les mêmes, 60 pl. tirées sur chine, dem.-mar.

326. Dictionnaire de l'armée de terre, par le général Bardin. *Paris, Perrotin, s. d.*; in-8, 8 vol., br.

IV. — **Paris et les Provinces.**

327. Recueil des plans profils et élévation de plusieurs palais, chasteaux, églises, sépultures, grotes, hôtels,
etc., bâtis dans Paris et aux environs, par J. Marot.
S. l. n. d.; in-4, fig. (134), v. m.

329. Paris et ses monuments, par Baltard. *Paris, Crapelet,*
1803-05 ; gr. in-fol., fig cart.

330. Statistique monumentale de Paris, atlas, cartes, plans
et dessins, par Alb. Lenoir. 33 livraisons. gr. in-fol,

331. Paris dans sa splendeur, monuments, vues pittoresques, scènes historiques, descriptions et histoire, dessins et lithogr. par Benoist, Ciceri, etc. *Paris, H.
Charpentier,* 1857-60 ; 50 livr. gr. in-fol.

332. Les rues de Paris ou Paris chez soi, Paris ancien et
nouveau, historique, monumental et pittoresque, par
P. Zaccone. *Paris, Boizard, s. d.,* gr. in-8, fig., br.

333. Les hôtels historiques de Paris, par G. Bonnefons, illustrés par Célestin Nanteuil, Bertall, Rouargue, Beaucé.
Paris, V. Lecou, 1852 ; gr. in-8, br.

334. Projets d'embellissements de Paris, par le comte Alex.
de Laborde. *Paris,* 1816 ; gr. in-fol., pl. cart.

335. La Sainte-Chapelle de Paris après les restaurations,
par Duban et Lassus, publ. par Calliat et de Guilher-
my. *Paris, Bance,* 1857 ; in-fol., pl. (77), dem.-rel.

336. Eglise Saint-Eustache à Paris, dessinée, gravée et publiée par V. Calliat, avec un essai historique, par Le
Roux de Lincy. *Paris,* 1858 ; in-fol., pl. (11), en livr.

337. Histoire lithographiée du Palais-Royal, publiée par
Vatout. 45 pl. sur chine, gr. in-fol., dem.-mar. bleu,
n. rog.

338. Chambre de Marie de Médicis au palais du Luxem-
bourg, par Dedaux. *Paris,* 1838 ; in-fol., pl. (34), d.-
rel.

339. Vues pittoresques et perspectives des salles du musée des monuments français, par Réville et Lavallée. *Paris, P. Didot,* 1816 ; gr. in-fol., pl. (21), cart.

340. Histoire de l'hôtel-royal des Invalides, par J. Granet. *Paris,* 1736 ; in-fol., fig. v. m.

> On a ajouté à l'exemplaire un beau frontispice peint par Ch. Le Brun, gravé par Duflos.

341. Le tombeau de Napoléon 1er et son gardien Noël Santini, suivi de la description de l'hôtel et de l'église des Invalides. *Paris, Ledoyen,* 1856 ; in-12, ch. rou., fil. tr. dor.

> Envoi autographe de Santini à S. A. la grande-duchesse Stéphanie de Bade.

342. Arc de triomphe des Tuileries, par Normand. *Paris, F. Didot, s. d.* ; in-fol. obl. fig., dem.-rel.

343. Marché des Blancs-Manteaux, par P. Delespine. *Paris,* 1827 ; in-fol., pl. (14), dem.-rel.

344. Arts, métiers et cris de Paris, dessinés par Joly. *Paris, Martinet, s. d.* ; in-8, 61 fig. color., dem.-rel.

345. Promenades pittoresques aux cimetières du Père-Lachaise, de Montmartre, du Mont-Parnasse et autres, par Lasalle et Rousseau. *Paris, Chaillou,* 1835 ; in-4, fig., cart.

346. Souvenirs de Paris, en 1804, par Kotzebue. *Paris,* 1805 ; in-12, 2 vol., v. rac.

347. Versailles ancien et moderne, par Alex. de Laborde. *Paris, Everat,* 1839 ; gr. in-8, fig. et vign., br.

348. Souvenir d'une promenade à Versailles. *Paris, Gavard, s. d.* ; 51 pl. in-fol., dem.-mar.

349. Description historique des château, bourg et forest de Fontainebleau, par l'abbé Guilbert. *Paris,* 1731 ; in-12, fig., 2 tomes en 1 vol., vél.

350. Histoire et tableau de l'église Saint-Jean-Baptiste de Chaumont, par Godard. *Paris,* 1848 ; gr. in-8, fig., br.

351. Histoire des ducs et duchesses de Lorraine, par Dieu-
donné Fr. de Courcy. *Lunéville*, 1754 ; in-4, cart.
Manuscrit.

352. Histoire de la ville de Lyon, par le R. P. Jean de Saint-
Aubin. *Lyon*, 1666 ; in-fol., fig., dem.-rel.

353. Discours historial de l'antique et illustre cité de Nîmes
en la Gaule Narbonnoise, par J. Poldo d'Albenas.
Lyon, G. Rouille, 1560 ; in-fol., fig. et plan, d.-rel

354. Antiquités de la France, par Clérisseau et Legrand. —
Monuments de Nîmes. *Paris, P. Didot aîné*, 1804 ; gr.
in-fol., 2 vol., dont 1 de pl.

355. Une saison à Aix-les-Bains, par Am. Achard, illustré
par Ginain. *Paris, E. Bourdin, s. d.;* gr. in-8, fig. br.

356. Album des bords de la Loire, composé de 50 magnifi-
ques gravures sur acier, tirées sur papier de Chine,
par Rouargue fr. *Paris*, 1856 ; in-4 obl. rel. en percal., tr. dor.

357. Châteaux de la vallée de la Loire des xve, xvie, et
xviie siècles, par V. Petit. *Paris, Boivin*, 1857-60; in-fol.,
pl., 25 livr.

358. Histoire architecturale de la ville d'Orléans, par de Bu-
zonnière. *Paris, Didron*, 1843 ; in-8, 2 vol., br.

359. Monographie de la cathédrale de Chartres, publ. par
Lassus, Amaury Duval et Didron. *Paris*, 1842-56; gr.
in-fol., 6 livr.

360. Monographie de l'église N.-D. de Noyon, texte par Vi-
tet ; plans, coupes, etc, par Ramée. *Paris, I. R.*, 1845 ;
texte in-4, et atlas in-fol.

361. Voyage en Bretagne, avec une histoire générale des
bagnes et l'iconographie des principaux types de for-
çats, par Lepelletier de la Sarthe. *Paris, Plon*, 1853 ;
gr. in-8, fig., br.

362. Histoire de Normandie, par Orderic Vital, publ. par
Guizot. *Caen, Mancel*, 1826 ; in-8, 5 vol. br.

363. La Normandie illustrée, monuments, sites et costumes des départements de la Seine Inférieure, de l'Eure, du Calvados, de l'Orne et de la Manche, dessinés par Benoist, lithogr. par Bachelier, Benoist, Cuvilllier ; texte, par Raymond, Bordeaux et Mlle Amélie Bosquet. *Paris, Charpentier*, 1852 ; in-fol., 60 livr.

364. Comptes et dépenses du château de Gaillon, par Deville. *Paris, I. I.*, 1850 ; in-4 et atlas in-fol., cart.

365. Histoire et description du Mont-Saint-Michel, texte par Le Hericher, dessins de Bouet, publ. par Bourdon. *Avranches, s. d.* ; gr. in-fol., 13 pl. teintées, mar. rou., fil. et orn.

366. Archives historiques et littéraires du nord de la France et du midi de la Belgique, publ. par MM. Aimé Leroy, Leglay et A. Dinaux. *Valenciennes*, 1829-55 ; in-8, 16 vol., br.

Première série, 4 vol ; — Les hommes et les choses, 1 vol.; — Nouvelle série, 6 vol.; — Troisième série, 5 vol.

V. — Histoire des autres Pays.

367. Le grand théâtre sacré du duché de Brabant. *La Haye*, 1729 ; in-fol. fig., 2 vol., v. br.

368. Pompa funebris principis Alberti Pii arch. Austriæ veris imaginibus expressa, a Jac. Francquart. *Bruxellis*, 1623 ; in-fol. obl., 64 pl., cart.

369. Hagh's Sketches, Belgium and Germany. *London, Hodgson*, 1840 ; 26 pl. teintées, gr. in-fol., dem.-mar.

370. Figures et ornements de la Maison de Ville d'Amsterdam, la plus grande partie fait de marbre d'Artus Quellinus. 1665 ; in-fol., d.-rel.

371. Vues des principaux glaciers de la Suisse. 16 pl. color., in-fol. atl.

372. Considérations politiques et militaires sur la Suisse, par Napoléon-Louis Bonaparte. *Paris*, 1833 ; in-8, br.

Avec cet envoi autographe : *A ma tante Stéphanie, hommage de respect et d'attachement de la part de son neveu.*

NAPOLÉON-LOUIS.

373. Histoire d'Angleterre, par J. Lingard, trad. par le baron de Roujoux. *Paris, Parent-Desbarres,* 1844; gr.
in-8, 5 vol. br.

374. The archæological Album, or Museum of national antiquities, edited by Th. Wright, with illustrations by W.
Fairholt. *London, Chapman, s. a.;* in-4, percal.

375. Arrival of the marquis of Douglas, and the princess
Marie of Baden at Hamilton Palace in 1843. *Glasgow.*
1844; in-fol., 5 pl., mar. rou. large dent., tr. dor.

376. Les Anglais peints par eux-mêmes, trad. par M. Emile
de Labédollière. *Paris, Curmer,* 1840; grand in-8, fig.
2 vol. cart.

377. History and antiquities of Westminster Abbey, by Neale.
London, 1823; in-4, fig., 2 vol. cart.

378. Histoire d'Ecosse, par Robertson, trad. de l'angl., par
Campenon. *Paris, Janet et Cotelle,* 1821; in-8, 3
vol. br.

379. Wapen des Weiligen Romischen Reichs Teutscher
nation. *Franckf. a. M.,* 1579; in-fol., v., rac. fil., tr. dor.
   144 belles planches grav. sur bois, au monogramme de I K.

380. Anfang, vrsprung vund herkommen der Thurniers in
Teutschen nation, von Geo. Rüxner. *Siemen, Hier. Rod-
ler,* 1530; in-fol., peau de truie estampée, avec coins,
fermoirs et plaques en cuivre portant la date de la
reliure, 1534.
   Première et très-rare édition contenant un grand nombre de belles
figures sur bois.

381. Vues des palais et maisons de plaisance de S. M. le roi
de Prusse, dessinées et gravées par J.-B. Broebes, architecte. *Augsbourg,* 1733; gr. in-fol., v. (Rare.)

382. Histoire de la maison d'Autriche, par W. Coxe, trad. de
l'anglais, par Henry. *Paris,* 1810; in-8, 5 vol., bas. fil.

383. Voyage pittoresque en Autriche, par le comte Alex.
de Laborde, avec le précis historique de la guerre entre
la France et l'Autriche en 1809. *Paris, F. Didot,* 1821;
in-fol., pap. vél., fig. 3 vol. d.-rel.

384. Monuments de l'histoire de sainte Elisabeth de Hongrie, publ. par le comte de Montalembert. *Paris, A. Noblet,* 1840 ; in-fol., pl. (30.) d.-rel.

385. Voyage pittoresque et historique de l'Istrie et Dalmatie, dessiné par Cassas, grav. par Filhol. *Paris, P. Didot,* 1802 ; in-fol., pl. (63), d.-rel.

386. Recueil des dessins de différents bâtiments à Saint-Pétersbourg et dans l'intérieur de la Russie, par L. Rusca. *Saint-Pétersbourg,* 1810 ; in-fol. max., 181 pl. au trait, 2 part. en 1 vol. d.-mar.

387. Excursion pittoresque et archéologique en Russie, par M. de Demidoff et A. Durand. *Paris, Gihaut, s. d.*; in-fol., pl. (100).

388. Vues des cérémonies les plus intéressantes du couronnement de l'empereur Nicolas Ier et l'impératrice Alexandra, à Moscou , lithog. par Courtin et Adam. *Paris, F. Didot,* 1828 ; gr. in-fol., pl. (14), br.

389. Plans et détails du monument consacré à la mémoire de l'empereur Alexandre, par Ricard de Monferrand. *Paris, Thierry,* 1836 ; gr in-fol., fig. (38), d.-rel.

390. Description de la grande cloche de Moscow, par A. Ricard de Montferrand. *Paris, Thierry fr.,* 1840; in-fol., texte encadré, 9 pl.

391. Histoire de l'empire ottoman, par M. de Hammer, trad. par Dochez. *Paris,* 1842; gr. in-8., 3 vol., br.

392. Description de l'Archipel, trad. d'O Dapper. *Amst.,* 1703 ; in-fol. fig. et cartes, v. m.

393. La Syrie, la Terre-Sainte, l'Asie-Mineure illustrées, trad. de l'anglais, par Alex. Sosson. *Londres,* 1836; in-4, fig., 3 vol., d.-rel.

394. Voyage aux Indes-Orientales et à la Chine, par Sonnerat. *Paris, Dentu,* 1806 ; in-8, 4 vol., v. rac. fil. et atlas in-4, d.-rel.

395. La Chine et les Chinois, par Aug. Borget, et E. Cicéri. *Paris, Goupil, s. d.* ; in-fol., 31 lithogr. à deux teintes, d.-mar.

396. Voyage dans l'intérieur de la Chine et en Tartarie, fait dans les années 1792 à 1794, par lord Macartney, trad. de l'anglais, par Castéra. *Paris*, 1804; in-8, 4 vol., bas. fil., et atlas in-4, d.-rel.

397. Voyage en Chine, par J. Barrow, trad. de l'angl., par Castéra. *Paris*, 1805; in-8, 3 vol., bas. fil, et atlas in-4, d.-rel.

398. Voyage à la Cochinchine, par les îles de Madère, de Ténériffe et du cap Verd, par J. Barrow, trad. de l'ang. par Malte-Brun. *Paris*, 1807; in-8, 2 vol., bas. fil. et atlas in-4., d.-rel.

399. Histoire scientifique et militaire de l'expédition française en Egypte. *Paris, Denain*, 1830-36; in-8, 10 vol., et atlas in-4 obl., 2 vol., dem.-v.

400. Planches de la description de l'Egypte : Antiquités, 3 vol. — Etat moderne. — Histoire naturelle, 1 vol.; ensemble 4 vol. in-fol. atl., dem.-rel.

401. Voyage pittoresque de la Syrie, de la Phénicie, de la Palestine et de la Basse-Egypte, par Cassas. *Paris, Tilliard*, an VI; in-fol., pl., 3 vol., cart.

402. Les Ruines de Palmyre. *Paris, F. Didot*, 1819; in-4, fig. (57), cart.

403. Voyage en Abyssinie, par Ferret et Galinier. *Paris, Paulin*, 1847; gr. in-8, fig., 3 vol. et atlas de 56 pl. noires ou coloriées.

404. Histoire générale de l'Amérique, par Touron. *Paris*, 1768; in-12, 14 vol., br.

405. Histoire de l'Amérique, par Robertson. *Paris, Janet et Cotelle*, 1818; in-8, 3 vol., br.

406. Histoire des avanturiers flibustiers qui se sont signalés dans les Indes, par OExmelin. *Trévoux*, 1744; in-12, fig., 4 vol., v.

407. Histoires des troubles de l'Amérique-Anglaise, par Soulés. *Paris*, 1787; in-8, 3 vol., bas.

408. Histoire des Incas, rois du Pérou, trad. de l'espagnol. *Paris*, 1744; in-12, fig., 2 vol., v.. m.

LIVRES DIVERS

409. Dictionnaire de la pénalité, par Saint-Edme. *Paris,*
1824 ; in-8, fig., 5 vol., d.-v.

410. Jod. Damhouderii Praxis rerum criminalium. *Antuer-*
piæ, 1556 ; pet., in-8, fig., sur bois, parch.

411. Choix de nouvelles causes célèbres, par Des Essarts.
Paris, 1785 ; in-12, 15 vol., v. fil.

412. Histoire du droit municipal en France, par Raynouard.
Paris, 1829 ; in-8, 2 vol., d.-v.

413. Cinquante quatrains, contenant préceptes et enseigne-
ments utiles pour la vie de l'homme, composés par le
sieur de Pybrac. *Lyon, J. de Tournes,* 1574 ; pet. in-8,
13 p., d.-v.

414. Examen critique des dictionnaires de la langue française, par Ch. Nodier. *Paris, Delangle,* 1828 ; in-8, br.
— Dictionnaire raisonné des onomatopées françoises,
par le même. *Ibid.,* 1828 ; in-8, br.

415. Amours des Dames illustres de nostre siècle. *Cologne,*
J. Le Blanc, 1680 ; fig. = Le Passetemps royal, ou
les Amours de Mlle de Fontange. = L'Esprit familier
de Trianon, ou l'Apparition de Mlle de Fontange, contenant les Secrets de ses amours, etc. *Paris, V^e de*
Jean Félix, 1695 ; pet. in-12, demi-ch.

416. Recueil des Licences et Entretiens poétiques du chevalier de *** avec Mlle de ***. 1752 ; in-12, v. vert, tr. dor.

417. Il meo Patacca o vero Roma in feste nei trionfi de
Vienna, poema giocoso nel linguaggio romanesco di
Gius. Berneri, ediz. sec. arrichita di num. 52 tavole
inventate ed incise da Bart. Pinelli. *Roma,* 1823 ; in-4
obl., dem.-rel.

418. OEuvres complètes de Brantome, publ. par Buchon.
Paris, 1853 ; gr. in-8, 2 vol., br.

419. Lettres de Mmes de Scudéry, de Salvan, de Saliez et de
Mlle Descartes, de Mlle de Montpensier, de Mmes de
Motteville et de Montmorenci. *Paris, Léop. Collin,* 1806;
in-12, 2 vol., v. fil.

420. Lettres de deux jeunes amies, (par Mme Genet-Campan).
Paris, 1811, in-8, pap, vél., v. f., tr. dor.

421. Mon séjour auprès de Voltaire, et lettres inédites de cet
homme célèbre, par Collini. *Paris, Léop. Collin,* 1807;
in-8, ch., fil., tr. dor.

422. Histoire des hôtelleries, cabarets, etc., par Francisque
Michel et Ed. Fournier. *Paris, Cherbuliez et Seré,*
1851; gr. in-8, fig. (31), 2 vol., br.

423. L'Estat et comportement des armes, par J. Scohier.
Bruxelles, 1629; pet. in-4, blas., vél.

424. La Science du blason accompagnée d'un armorial général des familles nobles de l'Europe, publ. par le vicomte de Magny. *Paris, Aug. Aubry,* 1858; gr. in-8,
blas., br.

425. Le Nobiliaire universel, receuil général des généalogies
historiques des maisons nobles de l'Europe, publ.
par le vicomte de Magny. *Paris,* 1855; in-4, blas.,
tom. II à VI, br.

426. Manuel du libraire et de l'amateur de livres, par J.
Brunet. *Paris, Silvestre,* 1842-44; in-8, 5 t. en 10
part., cart. n. rog.

427. Petite bibliographie, biographico-romancière, ou dictionnaire des romanciers. *Paris, Pigoreau,* 1821; in-8,
d.-rel.

428. Le Quérard, archives d'histoire littéraire, de biographie
et de bibliographie françaises. *Paris,* 1855-56; in-8,
2 vol., br.

429. Recueil de pièces, dont : Écritures, pour Claude Joly,
directeur des petites Écoles de la ville de Paris, contre
l'Université; Mémoire sur l'extinction de la pairie, de
Piney, 1696, etc. ; in-4, v.

TABLE DES DIVISIONS

RENOU et MAULDE, imprimeurs de la Compagnie des Commissaires-Priseurs,
rue de Rivoli, 144.

9420

EXTRAIT

DU

CATALOGUE DE LIVRES DE FONDS

ALBUM de Villard de Hennecourt, architecte du XIIIe siècle, manuscrit publié en fac-simile, annoté, précédé de considérations sur la renaissance de l'art français au XIXe siècle, et suivi d'un glossaire J. B. Cassus ; ouvrage mis au jour après la mort de M. Lassus, et conformément à ses manuscrits, par Alfred Darcel, *Impr. imp.*, 1858, beau vol. in-4, orné de 72 planches, tiré sur chine.   45 »

AMIOT (Le P.). Dictionnaire tartare-mantchou-français, par Langlès. *Paris*, 1789 et 1790, 3 vol. in-4.   36 »

BOUQUET (Dom). Recueil des historiens de France. *Paris*, 1786, in-fol. Tome XIII, fidèlement reproduit en 1847 par le procédé Dupont.   125 »

COLLECTION DES ROMANS GRECS, trad. en français, avec des notes, par MM. Courier, Larcher et autres hellénistes ; *Paris*, 1822 et suiv., in-16, fig., tome I à XII.   42 »

CORRARD DE BREBAN (Le présid.). Recherches sur l'imprimerie à Troyes. 1851 (2e édit., tirée à petit nombre), in-8.   3 50

DUBOIS (L'abbé). Mœurs, institutions et cérémonies des peuples de l'Inde. *Paris*, *I. R.*, 1825, 2 vol. in-8.   14 »

—Le Pancha-Tantra, ou les cinq ruses, fables du brahme Vichnou Sarma ; aventures de Paramarta et autres contes ; le tout trad. pour la première fois sur les originaux indiens. *Paris*, 1826, in-8. 5 »

FUSÉE-AUBLET. Histoire des plantes de la Guyane française. *Paris*, 1775, 4 vol. in-4, avec près de 400 pl.   36. »

HENNIN. Manuel de numismatique ancienne. *Paris*, 1830, 2 vol. in-8.   18 »

—Histoire numismatique de la Révolution françoise, depuis l'ouverture des états-généraux jusqu'à l'établissement du gouvernement consulaire. *Paris*, 1826, gr. in-4 avec 100 planches.   60 »

—Les Monuments de l'Histoire de France ; Catalogue des productions de la sculpture, de la peinture et de la gravure relatives à l'histoire de France et des Français. 1856-61, gr. in-8, tom. 1 à 6.   60 »
Le tome VII est sous presse.

—Correspondance inédite de Voltaire avec P.-M. Hennin, publ. par son fils. *Paris*, 1825, in-8.   5 »

REVUE UNIVERSELLE DES ARTS, publiée par M. Paul Lacroix (bibliophile Jacob), avec la collaboration de MM. Ch. Blanc, A. Bonnardot, de Chennevières, Geo. Duplessis, Feuillet de Conches, etc. *Paris*, 1845-56.

PRIX D'ABONNEMENT :

	Paris,	*Départements,*	*Étranger,*
Un an.	24 fr.	28 fr.	32 fr.
Six mois.	13	14	16

PARIS — Imprimerie RENOU et MAULDE, rue de Rivoli, 144.   9420